별이 별이 되어

볕이 별이 되어

초판 1쇄 발행 2021년 12월 9일

지은이 이광민
펴낸이 장길수
펴낸곳 지식과감성#
출판등록 제2012-000081호

교정 오현석
디자인 정윤솔
편집 이건영
검수 김우연, 윤혜성
마케팅 고은빛, 정연우

주소 서울시 금천구 벚꽃로298 대륭포스트타워6차 1212호
전화 070-4651-3730~4
팩스 070-4325-7006
이메일 ksbookup@naver.com
홈페이지 www.knsbookup.com

ISBN 979-11-392-0226-7(03810)
값 13,000원

- 이 책의 판권은 지은이에게 있습니다
- 이 책 내용의 전부 또는 일부를 재사용하려면 반드시 지은이의 서면 동의를 받아야 합니다.
- 잘못된 책은 구입하신 곳에서 바꾸어 드립니다.

지식과감성#
홈페이지 바로가기

볕이
별이
되어

이광민 지음

시인의 말

치악산 태백산 산정호수
오대산 북한산 유달산 미륵산
한라산 발왕산 함백산 소요산 내장산

원주에서 제주까지 찾아다니며
숲에 어우러진 나무처럼

그대 마음 한편에
물처럼 담기길
소원하며

이광민

목차

시인의 말 4

1부
바이러스와 정전

볕이 별이 되어 밝힌 숲 11/ 약속은 기억에 자리하나 마음은 벗어나고 15/
삼합 17/ 고마워 19/ 집 짓기 21/ 우상은 어디든 있고 어디에도 없다 23/
어떤 전시회 25/ 바이러스와 정전 27/ 한 번만 더 29/ 김밥 31/
엇박자 33/ 남해 35/ 경쟁 36/ 비 온 뒤 더 단단해지는 38/
익산고도리석불입상 41/ 효자 사위 43/ 선택 45/ 훌쩍 떠나와서 47/
고상한 눈썰미 49/ 애증 51/ 부메랑 53/ 길들이기 55

2부
네 속에 나 있다 내 속에 너 있다

추억을 추리는 아침 58/ 어떤 낙엽 59/ 반면 선생 61/
내겐 너무 어려운 정리 63/ 어땠을까 65/ 못난 사람 67/ 비염 68/
선재도 71/ 광고를 타면 부끄럼도 없는 세상 72/ 기업도시 맛집 소개 75/
옥수수와 보일러실 77/ 네 속에 나 있다 내 속에 너 있다 79/
예쁜 딸 81/ 백 일 참기 82/ 문 콕 비화 84/ 고마운 대관령 87/
발왕산 석양에 매혹되어 89/ 발랑 발랑 발랑 92/ 닭 튀기는 시인 95/
긴 터널도 끝이 있다 97/ 검은 월요일 99/ 도스토옙스키 동상 앞에서 101

3부
흔적 없이 다녀오기

방황 104/ 어느 엄마의 귀차니즘 105/ 고도 8,400km에서 마음 내려놓기 107/
산책길에 만난 할머니와 손녀 108/ 아름다운 여자 109/ 내장산 단풍 111/
가을 113/ 흔적 없이 다녀오기 115/ 혁명 117/ 약속의 땅 무안 119/
목포 유달산 바위 121/ 골프연습장에서 122/ 맥베스 124/
역사학자 한홍구 125/ 산다는 건 126/ 사피엔스 127/ 시모니데스 128/
대장동 게이트 129/ 진보와 보수 사이 130/ 중독 131/
여름밤 불청객 132/ 익산 미륵사지 국화 탑 135

4부
평화의 속도

석양 138/ 서점 139/ 한라산에서 141/ 고향 145/
킬링 케이브 캄보디아 146/ 제주 치유의 숲 149/
평화의 속도 150/ 양지꽃 153/ 상생 154/ 아리랑 156/
삼겹살 가게 158/ 도서관 베스트셀러 159/ 소망 161/
풍미가 사라지는 시대 162/ 빛을 밟는 시각 163/
운명 164/ 선택 166/ 부추꽃 168/
왈츠 169/ 코로나 일상 171/ 세월 173/ 나에게 쓰는 편지 175

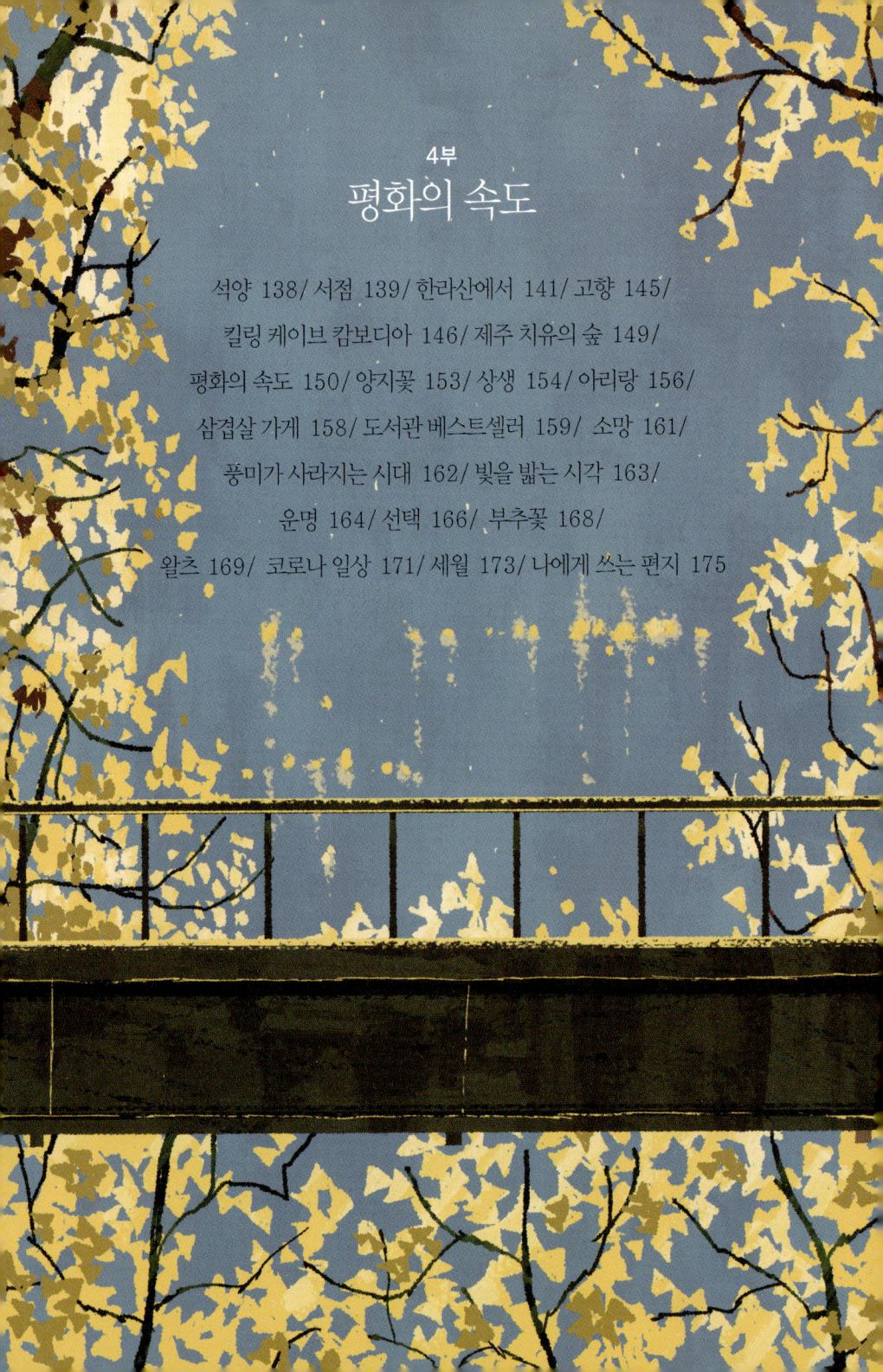

1부 바이러스와 정전

볕이 별이 되어 밝힌 숲

*깊이 울 저수지 산책하다 소요산 끝자락인 걸 알았다

마장동에서 버스 타거나 종로에서 지하철 타면
소요산이 종착지인 걸 더러 봤다
추억의 이름인데 실제로 아무 추억이 없는 산
설렘 안고 산으로 간다

신북면 포천로에서 동두천 소요산까지
강원도 길 못지않게 굽은 길에
다른 생각할 틈이 없어
경치 감상은 사치

처음 가는 길은 늘 그녀가 천사다
내비가 없는 세상은 이제 손전화 없는 세상만큼 상상이 어렵다

넓은 바위에 오르니 병풍처럼 두른 산자락이
마치 영실에서 오른 한라산 모습과 비슷한 소요산

아무것도 펼치지 않아도 연인 한 쌍이 풍기는 달콤한 향기
사과 컵라면 김치 펼친 홀로 오신 어르신의 고독한 냄새
왁자지껄한 소리에 들썩이는 공주봉 뒤로하고

바위와 나무 사이 빠져나가며 의상대로 향하니
계단이 많지 않아 흙 밟는 맛이 산뜻하다

의상대에서 잠시 바라본 숲은 평화롭다

오던 길 다시 내려가는 건 재미없어
가파른 선녀탕 가는 길로 접어든다
이때까지 객기는 용기처럼 발걸음에 힘을 실어주었다

볕을 가리는 울창한 나무 아래
볕이 별이 되어 밝히는 숲에 빼앗긴 마음

드르륵 아니 쭈르륵
내려가는 길에 깔린 작은 돌들이 만든 미끄럼길에서 길게 누워 본 하늘에 구름이 유난히 희다 번개보다 빠르게 정신이 들어 지나는 이에게 내려가는 길 물었다 이 길은 무척 가파르니 돌아가라 권한다 행선지를 바꿔 내려가는데

도로로록 쿵
도토리가 깔아놓은 융단은 처음이라
또 누워 보니 하늘은 맑고 푸르다

털고 일어나 지팡이로 미리 짚어보고 내려가다

미끄덩 쿵
지난밤 내린 비에 채 마르지 않은 낙엽이 미끄럼길로 펼쳐있다
지팡이로 낙엽을 옆으로 밀고 쓸고 내려가다
찌끄덩 철퍽
진흙에 누워 본 하늘은 빨갛다

백두산 한라산 치악산 오대산 함백산 북한산 운악산 유달산 감악산 설악산 지리산 태백산 등 많은 산 다녔지만 이렇게 내려오는 길에 여러 번 엉덩방아 찧으며 넘어져보긴 처음이다 기억하지 못하는 잘못까지 용서를 빌었다

선녀탕에서 씻고 가라 계시라도 주신 걸까 손수건으로 닦고 빨고 문지르니 해가 기운다
걱정하는 동생에게 혼자 다니는 산이 좋다고 말했다
입찬소리는 삼켜야지

내려오며 그 삐죽빼죽 날카롭던 돌 모서리에 부딪히지 않은 걸 감사하며 대낮 숲에서 본 별이 총천연색이다

* 깊이 울 저수지: 포천시 신북면 심곡리, 소요산 끝자락에 있는 저수지

약속은 기억에 자리하나 마음은 벗어나고

마음에 자리한 아버님은 봄날 습설처럼 차갑지만
기억에서 자라는 아버지는 스치는 생각에도 따스하다

추억은 나목에 앉은 상고대처럼 빛나고
함께한 스무 해가 바람에 흩어지는 눈 같은데

먼지처럼 사라질 그날이 올 것을 알기에 부탁하신 말씀이 내내 잠자다 수면 위로 떠오른 어제부터 흔들리는데 삼월에 내리는 눈 보노라니 어느새 또 지나가는 제설차에 쓸리는 눈처럼 숙제 털어버리고픈 마음과 씨름한다

잠들지 못해 서성이다 바라보는 무지갯빛 가로등이 말하는 마음이 가는 길을 가야지 억지로 다짐하게 만든 그 의무는 제가 지고 갈 짐이 아님을 이미 알고 계셨기에 하신 당부
그러나 문 앞에서 기다려야지

지금은 문 열 때가 아니다 햇살이 창 밑까지 인사 오면 커튼 젖히고 활짝 문 열어야지

삼합

오늘도 수고한 가족에게 공들여 차린 밥상
달고 짜진 않아도 슴슴한 맛에 속이 편한

각자 좋아하는 손전화 들여다보다
뉴스가 끝나면 하나둘 자기 방으로 들어가고
그제야 온전히 차지하는 텔레비전

"유튜브 틀어줘"
"손열음 찾아줘"
리모컨 누르지 않아도 말하면 찾아주는 세상

라흐마니노프 피아노협주곡 2번 C단조
작품번호 18은 에어팟 따라 온몸을 춤추게 하고
모니터에 활자로 그리는 그림
손열음보다 조용히 두드리는 키보드

명봉산 오르내리며 본 풍광 떠올리고
손바닥 바위에서 바라본 기업도시는
은 쟁반에 담긴 겨울 조각

닿소리 조각 한 점 올리고
홀소리로 감싸
높은음자리 하나 걸쳐
활자의 숲 가꾼다

고마워

주목 가지마다
눈이 만든 보석
순수한 맑은 빛에 반하여 맴돌고

코로나19 거리두기에 벗지 못하는
마스크로 입김이 올라
속눈썹과 앞머리가 하얗게 얼어도

오르면 오를수록
은빛 세상 만난 행운
제트기류 바람마저
반갑다는 인사처럼 들리고
포근한 어머니 품 같은 눈보라

14년 함께 한 독서 모임 *서로書路 친구들
긴 시간 때론 함께하지 못해도
문 열고 기다려준 넉넉한 마음이 있어
아름다운 태백산 상고대
함께 오른다

U 박사는 40이 지나면 물속 걷기나 바람 가르며 자전거만 타고 다른 운동은 하지 말라는데 친구들과 등산에 취해 한 달에 한 번이든 일 년에 서너 번이든 갈 수 있는 즐거움 놓치고 싶지 않은 이 마음 다독이는 건 고관절이다 태백산 다녀온 뒤 조금 더 불편해진 걸음걸이는 손에 든 사탕 뺏긴 기분이고 병원 다니며 약 먹고 찾고 찾은 상식은 휴식과 무리하지 않음이 진리

시간은 어느새 서산으로 넘어가려 하고 이어질 14년 우리는 또 얼마나 많은 사랑과 추억 나눌지 기다려진다

고맙고 또 고마워

* 서로: 원주시 행구로 80번지 삼익아파트 상가 2층에 있는 문화 카페
  독서, 퀼트, 기타, 사진, 스페인, 일어, 영어 등 소모임 공간

집 짓기

김삿갓이 허기로 쓰러져 사경 헤맬 때 산골 사는 부부가 김삿갓 살리려 뒤주 뒤지고 긁어 한 줌 곡식으로 죽을 쑤어 대접했다 정성으로 받은 맑은 죽에 어린 청명한 하늘 보고 바친 시 한 수가 전해오는 원주시 신림면 싸리치 옛길

강원 숲 사랑회 회원이 모여
일 년에 한 번 산새 위해
나무에 밑그림 그리고 톱질하고
드릴로 구멍 뚫고
손 다칠까 염려하며
롱 노즈로 잡은 못 망치로 두드리고

집 찾기 쉬워지라고 각기 다른 그림 그려
끈으로 엮어 사다리 타고 올라
싸리치 옛길 나무 곳곳에 새집 지어놓고
알 낳고 새끼 키우며 행복하게 살라 기원한다

여럿이 모여 한나절 분업하여 지어 달은 새집처럼
주식 투자로
사업 실패로
보증 섰다
날린 집들

지어줄 수 있길

우상은 어디든 있고 어디에도 없다

어린아이에게 진실과 거짓은 큰 차이가 있을까
아이가 믿는 세계는 듣고 보는 것으로 시작해 만지고 느낀다
처음에 입력된 그대로

하루가 다르게 크는 아이는
생각이 들어앉아 고민하고
날이 갈수록 커지는 번뇌의 바위
*시시포스가 이고 진 바위보다 더 큰 고뇌의 무게

어차피 사람이니까 그럴 수 있지로 넘기기엔
바라본 세월과 존경한 시간이 길고 길어
허무의 벽이 산산이 조각난 어느 날
번개처럼 나타난 추락하는 믿음

생각 정리는 누가 대신할 수 없기에
상처 치유하기 위한 웅크림
아무것도 먹지 않고 아픈 곳 어루만지며
혜안慧眼 갖지 못한 어리석음 두드리며 곱씹어도 제자리

기대와 달리 어리석음은 거품처럼 피어오르고
받기 싫은 전화 거부하듯
잊고 싶은 목소리

세상은 참 멋없는 인간 군상으로 가득하고
어느새 같이 물들어
제빛 하나 갖지 못한 채
바람 따라 쓸려가는 낙엽처럼
스스로 만들 우상은 가슴에서 자란다

자기에게 준열하지 못함이 시작이었고
살아온 시간 중에 가장 현명할 걸 믿으며
나 바로잡을 채찍 하나
머리부터 발끝까지 새겨둔다

* 그리스 신화에 나오는 코린트 왕. 제우스를 속인 죄로 바위를 산 위로 올리면 다시 굴러 떨어지고 이를 다시 올리는 일을 한없이 되풀이하는 형벌을 받았다고 하는 'Sisyphos'

어떤 전시회

어디에도 눈이 있었다 숨은그림찾기처럼 커다란 캔버스 중앙이나 모서리에도 감은 듯 부릅떠있는 눈에 등골이 서늘하다

형광 분홍과 연두 노란색 속에서 어둠이 피어나고 큐비즘으로 어우러진 이야기가 너무 많아 몸이 굳어지며 멈춰버린 호흡

걸음 옮기기 두려워지는 순간 날아오른 북. 우주선 쏘아 올리듯 북채 휘감은 깃털의 아우성이 전시장 바닥에 깔려있고 사물놀이패가 한바탕 휩쓸고 간 듯 허한 냉기가 흐른다

붉은 눈의 아이는 멀리 가는 듯 희미하고 유리관에 웅크린 아이 그 뒤 아이의 하얀 목에서 흐르는 마지막 생명의 흔적 그러나 눈빛은 몹시도 맑아 함께 가자고 내미는 아이의 손 잡을 것 같아 두 손 꼭 쥐었다

놀이동산 유령의 굴속 조심스레 걷다 하얀 옷 입고 머리 길게 푼 귀신이 어디서든 불쑥 나타나 놀람보다 더한 소름으로 추위 느끼던 그때처럼 전시회장이 그렇다

발길 돌릴 때 들리는 전시회 준비하던 중 교통사고로 유명幽明을 달리한 화가 이야기 어쩌면 그녀는 갑자기 다가올 미래를 알았던 걸까 왠지 이해되는 유고 그림 뒤로하고 고인의 명복 빌었다

바이러스와 정전

코로나19로 소득이 없는 예술인에게 정부에서 생활자금을 지원해준다는 뉴스 듣고 어디까지가 대상일까 궁금해 문의하니 대상이 아니란다

모은 글 중 가지 치고 향기 넣어 108편 한 권에 담았다 그러고도 남은 000편 보면 볼수록 쓰다듬게 됨은 겨울에도 하루하루 다르게 크는 꽃기린보다 어여쁘게 시를 가꾸고 싶은 바람이 경쟁처럼 키 재기 한다 전생에 올빼미였는지 밤에만 글 짓는다 매일 글로 치열하게 씨름하지 않았기에 전업 작가 자격이 부족해 부끄러운데

신축년에는 정성으로 글을 써보리라 먹은 마음으로 컴퓨터 앞에 앉은 지 3분도 안 되어 암흑이 찾아왔다 지난여름 무더위에 정전이 되더니 최강한파에 과부하가 걸렸는지 기업도시 전체가 어둠에 묻혀있다 가로등조차 잠든 밤 용이 승천하듯 고층아파트 비상등이 하늘로 올라가듯 줄 서있다

34% 남은 충전량
손전등 사용하자 뚝뚝 떨어짐에 초 찾아 쫓아낸 어둠
희미한 불빛에 기다란 그림자 뒤로하고 펼친 습작 노트
언제부턴가 컴퓨터와 손전화로만 쓰게 된 글
손글씨가 낯설다

용이 승천할 길이 보이듯 초심으로 돌아가는 문이 열린 걸까

2,400초가 지나자 번개처럼 밝아진 세상

우리가 누리는 빛 세상은 언제든 암흑으로 돌아갈 수 있음에 서늘하다 준비하지 못한 코로나 팬더믹처럼 갑자기 찾아온다면 갇힌 삶이 아닌 후손에게 물려줄 자유의 길을 찾아야 하는데

너와 내가 만나 차 마시고 가족이 모여 밥 먹고 혼례를 하던 날들이 사라진 2020년 다시 찾을 그날을 기다리는 지금 우리는 정전보다 더 아득한 바이러스 암흑에 갇혀있다 영국발로 새로 나타난 변종의 바다를 헤엄쳐야 한다

이게 끝일까

한 번만 더

다시 여름이 와도
코로나19 확진자가 매일 천 명이 넘게 나와
21년 7월 12일 월요일부터
거리두기 4단계가 서울 경기에서 시작되었다

무증상 감염
백신을 맞은 사람도 감염이 되는 아이러니
불볕더위에도
우리 마음은 겨울이다

포장된 산길 화려한 비단뱀이
속을 드러내놓고 움직이지 않는다
자동차 바퀴에 으스러지며
생을 마감한 그를 청소하는 까마귀

코로나19의 끝이 있기는 한 걸까

서로 만나 악수하고
맛난 음식 앞에 두고
잔 부딪히며 이야기 나누던 삶이
원시시대가 되었다

김밥

생일이니까 맛있는 걸 만들어준다는 당신은
요리왕 어머니의 황금 레시피라며
밥 지을 때 선물 대신 식초 넣고
사랑 대신 설탕 넣고

생일인 사람 불러 당근 깎으라니
미운털 뽑듯 껍질 쓱쓱 벗겨버리고
시금치 다듬어서 조금만 삶으라니
못 버려 후회였는데 쭉정이라도 후다닥 뜯어버렸지
만드는 게 정성이라는데
투덜거림이 방부제가 될까 마음 다잡았지

등 돌려 착착착 당근 써는 소리에
한 걸음 한 걸음 주방 벗어나는데

김밥은 엄마가 잘 싸니까 해달라는 딸
쥐어박을 수도 없고
팔 늘어뜨리고 김밥 말러 돌아가는데

신사동 가로수 길 김밥인 양
포실히 달걀 채 밥 대신 가득 넣고
짜디짠 스팸 길게 늘여
샌드위치같이 사이에 넣고
하나둘 쌓여가는 김밥 줄 위에
있어도 없는 듯 존재감 일도 없는 나처럼
다 같은데 단무지 하나 빠진 김밥도 얹고

알록달록 꽃처럼 예쁜 밥 앞에 두고
전쟁에서 승리한 장군처럼 으스대는 당신을 뒤에 두고
들볶였던 마음 다잡고 있는데

나 같은 남편이 어디 있냐
당신은 복 받은 줄 알아

노란 김밥처럼 활짝 웃으며
그럼 내가 복이 좀 있지
다 내 복이야

엇박자

버리기보다 쌓아두길 잘하는 나는
냉장고에도 먹을 게 가득하다

어머니 정성 담긴 마늘 양파장아찌 된장 고추장
아이들이 배달로 먹은 떡볶이 치킨 마라탕
봄을 먹으려고 끓인 냉이된장국
방풍나물이 기다리고

냉동고엔 막내가 아빠랑 먹던 닭발
모임에서 받아온 떡
아이들이 먹다 남긴 빵 아이스크림
건강에 좋다는 꾸지뽕 아보카도 가루 청국장
냉동 만두 생선 고기

버릴 것 하나 없는 소중한 먹거리
그러나 시간이 지날수록 맛은 변해
색이 변하면 더 눈길 가지 않아
갈등하는데

일주일 장 보지 않고
냉장고 파먹기로 버티는데

띠롱띠롱
피자 배달이 왔다

남해

파도가 닿지 않는 모래사장에
조문처럼 발자국 남기고
낭떠러지같이 솟은 해변에 서서
솟아나는 파도처럼
다가오는 그리움
바람에 맡긴다

바다는 넓어
말없이 바라보던 어머니 같고
파도는 수시로 변해
농담 즐기는 아버지 같은데
바람과 소풍 가신 두 분

십 년 동안 한결같이 일만 하던 당신은
숨이 머리끝까지 올라
하얗게 질린 얼굴로
벗지 못하는 마스크 잡아당기며
일출봉 계단 앞에 발길 멈추고

후들거리는 다리로 비틀거리는 아빠를
뒤에서 밀고 손잡고 끌며
성산일출봉 올라
넓은 바다 바라보며
추억 쌓는 겨울 여행

경쟁

치악산 구룡사 지나
세렴폭포 가는 길에 물소리가 정겹다

산속은 아직 얼음이 녹지 않아
조심조심 발걸음 옮기는데
와글와글 끄룩끄룩 소리에 사방을 둘러보니
메마른 가지만 가득하다

나아갈수록 커지는
몸을 쭈뼛거리게 만드는 소리에
나무 위 바라보고
하늘과 닿은 듯 커다란 나무 훑어 내려와도
바람만 이는데

찰나의 고요 뚫듯
들려오는 소리에
목적 잃은 호기심

바스러진 낙엽 너머에 작은 웅덩이
꿈틀거리는 형체에
목덜미 잡아끄는 싸한 바람

한 마리 암컷 위에 오르고 올라
주위에 떨어진 무수한 수컷이
중앙에 자리 잡은 한 마리 암컷만 공략하는
서로 종족 보존하려는 치열한 생존행위

과한 경쟁에 불러올 참사 걱정하며
멀찌감치 물러선
소박한 커플들이
더 예쁘다

살금살금
가벼운 발걸음으로 돌아섰다

비 온 뒤 더 단단해지는

세월도 주름도
필러 하나로 바꾸는 세상에
늘 같으나 시간 가는 그대로라 좋은 그녀

나이에 비해 반짝이는 머리로
생업보다 봉사에 전념하는
시민단체 모임에서 만난 그

그를 좋아하는 많은 사람과 달리
무의식으로도 자꾸 거리 두던
여름이 지나고

가로수가 황금빛으로 물들 때
사무국장인 그의 만행으로
반쪽이 되어 찾아온 그녀

하던 일 멈추고
세세한 사연 듣고 기억하며 대비하고
따뜻한 밥상 앞에 그녈 앉혔지

이어지는 법정 공방에 억울함 호소하는
삭발한 그녀 곁에 모인 선한 사람들
십시일반 쌈짓돈 모아 변호비 돕고

법정에 참여해
어림없는 짓거리
깨달으라 날 세웠지

디지털 시대엔 뭐든지 빠른 줄 알았는데
삼 년이 지나서야 무혐의로 끝난 음해 사건 재판

무심코 던진 돌이 아닌
위치 상승 꿈꾸던 이들이 밀약하여
*조진구가 서희 재산 뺏듯 강탈하려 했으나

힘을 모아 지키고 초석을 다시 다진
유산으로 남길 시민단체
도서관을 돕는 한국도서관 친구들

* 박경리 대하소설 '토지' 속 등장인물

익산고도리석불입상

오작교 밟아야 만날 수 있는
견우와 직녀처럼
단풍이 지고 흰 눈 오는 겨울에
꽁꽁 강이 얼면 만날 수 있는 고도리 연인

무슨 사연으로 그리 바라보고 있는지
일 때문에 주말에만 만나는 연인도 아닌
먼 거리로 월말에만 만나는 부부도 아닌
겨울이 되어야만 만나는 형벌

내 눈에 그이를 담고
내 마음에 그녀를 담아
*애심교 만들어 이어주러
익산고도리석불상을 가을바람과 오가다

* 애심교: 작가가 만든 고도리석불상 이어주는 다리

효자 사위

어둠이 내려앉는 저녁마다
이야기 보물단지 만나는 일이
즐거움이었다

다섯 살 어린 손으로 꼼지락거림이
무어 그리 시원했을까마는 늘
제일 시원하다는 할머니

아침 인사에 예쁘다
낮에 복실이랑 놀 때도 귀엽다
저녁에 노래 부르면 최고라고
구름 위를 걷듯
늘 미소 짓는 사랑으로 안아주고

토닥토닥 당당
할머니 어깨 두드리는 손을 춤추게 하셨지

제주 사는 친척 이야기가 동화보다 재미있고
동갑내기 조카 이야기에 신이 나
명절에 만나면 이름 잊지 않고 불러주는 고모가 되었는데

아이들은 도시로 떠나고
남겨진 우리는

이야기보따리 가슴에 품고
첫 우승 후 마음 고생 길게 하던 사위가
우승 후 보내준 안마 기구에
서로 하나씩 코드 꽂고
효도 받는다

X세대에게 효자손은 안마 의자다

선택

삐뽀 삐뽀 삐뽀
어둠 뚫고 들리는
새벽을 흔드는 구급차 소리

문 두드리고
전화해도
찾을 수 없는 안타까움

첨단장비 무색하게 만든
두꺼운 망치

부서진 문 안에 쓰러진 남자
구급대원이 놓치지 않은 골든타임

가고 오는 걸 선택하진 않지만
스스로 바로 보면 늦출 수 있는 세상

코로나 팬더믹엔
이타적이어야 살아남는 시대

별들로 가득한 밤하늘

가장 밝지 않아도
그저 빛날 수 있길

훌쩍 떠나와서

같이하겠다는 마음이
포말처럼 흩어진 목요일

한라산도
사려니숲도
애월 바다처럼 남겨두었다

물이 맑아서
더 푸른 가을 바다
너를 품으려
손 담갔던 순수로 돌아가

네 품에서
생사를 넘나들 때
새겨진 공포는
아직 씻겨지지 않아
굳어버린 다리

한번 잊어볼까
아니 이겨볼까

꿈은 푸른 바다에 잠겼고
몸은 하얀 구름 위를 난다

고상한 눈썰미

단골로 다니던 미용실이 더 멀어져
뜸해질까 더 일찍 서둘러 다니다
불쑥불쑥 오르는 가격이 부담이었다

취향이 고상한 그의 권유로 간
미용 기능장이 운영하는 집 앞 미용실

손으로 하는 모든 것 좋아하는 그녀는
신세계를 선물하는 보석 같은데

염색 후 샴푸 하며
이쪽저쪽 정성껏 헹궈주는
그녀의 직원이 내 인생 최고의 미용사다

미장원만 다녀오면 늘 머리에 나던
뾰루지가 안 생기고
얼굴이 가렵지 않게 되다니 하~

감사하는 마음으로
촘촘하게 뜨개질로 만든 수세미
두 번째 다녀오는 길에

미소와 함께
두 손으로 드렸다

애증

월급도 없지만 즐거운 일

긴 시간 운전하며
자는 모습만 보아도 행복했는데

코 고는 소리에 못 잔다 깨워도 그저 미안해
밤을 새워 게임하고
잠든 뒤에 살짝 나가
차에서 자던 어느 날

못 쳐도 핑계가 없다는 말에
가슴이 채찍 맞은 듯 아파서
잠들길 기다리는 밤이 늘었다

코로나19로
선수와 캐디 외엔
차에서 내릴 수 없어도
두 시간 세 시간 기다림에
애타는 마음은 길어지고

평창에서 일하고 새벽에 출발해
용인에서 널 태우고 익산으로 온 피곤함에 지쳐
기지개 켜고 나가야지 하다가 잠이 들어서
네 전화 받고 부리나케 달려갔는데
내년부터는 혼자 다니겠다니

이혼하자는 말이 이렇듯 충격일까
속이 울렁인다

그래
그래야지
잘 컸구나

그래도 좀 부드럽게
다정하게 말해주지
번개에 공든 탑이 부서지듯

내 마음이
그래

부메랑

주기만 한 사랑이
둔기로
되돌아와
두들길 때
스스로 일어서라 기다렸지

그러나
끈은 수시로 확인했던
아픈 순간이

오 년 뒤
내게로 향했다

이제 분홍은
모두 갖다 버리자

길들이기

아일랜드 식탁에 서서 피어있는 저 *포춘은
일주일에 한 번 때론 한 주 넘겨 오는
나를 기다리며 집 지키고 있다

밤새 내린 함박눈에
베란다로 들어오는 맑은 햇살처럼
환한 미소 안고 올 주인 기다리다

저녁이면 주방 창가로 돌아서서
산 너머로 비치는 석양 놓치지 않으려
꽃잎 창가에 맞추려
줄기 내리고 서서
기다리는 포춘

길드는 건 포춘이 아니라
바람이 들도록 창을 열고
기다림 달래줄 한 곡
모차르트 피아노 협주곡 21번

허기보다 더한 갈증 풀어주러
평창에서 원주로 오는 내 마음이다

* 처녀시집 출간 선물로 받은 서양란

2부
네 속에 나 있다 내 속에 너 있다

추억을 추리는 아침

이광민

첫 월급을 받으며 모은 LP
화장품을 들었다 놓고 옷을 입었다 돌아서며
그렇게 하나하나 늘었던

지나온 해보다 달보다
더 많이 보고 마음에 담은 정이 들어서
짐 되니 버리라는 무심한 말에
손가락 하나, 아니 손을 내놓으라는 요구 같아
죽을 것 같은 마음이라 버리며 싸웠는데

같이 산 날보다
살아갈 날이 더 많을 것 같아
소름 돋는 마음에
빨간 장미 향수를 약처럼 뿌리고

버려보자, 잊어버리자
수백 장의 보물
추억을 보냈다

어떤 낙엽

시간은 어김없이 흘러
초록을 자랑하던 나뭇잎도
노랗게 붉게 물이 들더니

드넓은 워터파크 수영장 물 위에
하나둘 가을 소풍 즐기며
물결 따라 몰려다니다

붉은 조끼 입은 선남선녀가 든 뜰채
이리저리 피하다 떠지더니
커다란 봉투 안에 옹기종기 모여

흙으로 돌아갈까
화로 안에 던져질까
내기라도 하듯 사각거린다

반면 선생

아이들이 돌아간 운동장처럼
넓디넓은 모래사장이 한산한
십리포 해수욕장

"이건 유리야
엄마가 유리라고 하면 유리인 거지
네가 왜 아니라고 빡빡 우겨 어?"

나란히 걷던 아빠는 등을 보이며 앞서가고
엄마는 할머니 뒤에서 무언의 응원 하듯 서있고
동생은 엄마 옷 잡고 고개 숙이고 서있는 한 가족

동생 앞에서 폼 잡고 싶었던 어린 오빠는
갈매기 소리보다 크게
악을 쓰며 다그치는 할머닐 뒤로하고
바다로 달려간다

물이 빠진 모래사장
그 너머에 있는 펄
아이의 등에서 피어오르는 미움을 아는지 모르는지

깨진 유리 조각이 빚어낸
가족의 일탈

십 년 뒤
어떤 할머니로
모래 위에 서있을까

내겐 너무 어려운 정리

집필실로 쓰던 사무실 문 닫는 날
아무것도 집에 들여놓지 말라는 그이 말에
책만 조금 갖고 오겠다 하고
들 수 있는 책 모아
방 하나에 서재를 꾸몄다

무거워 들 엄두도 못 내던 두꺼운 테이블 의자 장식장 책장 냉장고 선풍기 정수기 칠판 가져가는 이가 돈이 안 된다며 오히려 돈을 내라 한다

오래된 백과사전 세계 문학전집 한국 문학전집 넘기며 한 끼 식사비라도 건지려나 기대했지만
삼십오만 원 내야 함께 치워준다는 말에 이체하고 비 맞으며 돌아서는데

비자금 사무실 월세로 날아가고
한 권 시집 엮기가 이리도 힘들어서야

파전이 없어도 막걸리 한잔하면
가슴에 쌓인 응어리 풀리려나

어땠을까

장로셨던 집안 어른께서 소천하셨다

이십오 년 전 여행 간 속초에서
저녁 차리고 식사 전 기도에
아기가 울기 시작했다

우는 아가 업고 나가려니
그냥 업고 서서 들으라 해서
한 시간이나 서서 속으로 반야심경 외웠다

결혼한 며느리에게
종교의 자유는 없었다
시이모부까지 강요한 기독교

시간이 흐르며 집안 내 아무도
그와 대화하지 않으려 했다
그저 예의로 인사하고
밥상은 따로 차리고

멀찌감치 떨어져 앉으면
다가와 자기 자랑 일색이었고
낚시는 좋아해도 비린 걸 싫어하고

목사와 성경을 논하다 교회마저 나와
교인 중 아무도 공식적으로 조문 오지 않은
외로운 사람

태풍이 지나가듯
잘 버텼던 신혼 초

같은 믿음이면 좋았겠지
다른 믿음이라도 존중했더라면

못난 사람

십 년 전 불화로 소원한 자리
피하지 않고 의자에 앉아 기다린
그의 마음이 보였다

죄를 짓지 않은 그가 가진 여유겠지
떳떳한 이의 너그러움이었을 거야

빨간 육개장에 뜬 기름처럼
겉도는 사람

긴 세월 여러 번 기회 놓치고
기웃거리는 그 사람이 이젠 가련하다

서로 희끗희끗해진 머리만큼
용서하고 용서를 빌면 좋으련만

비염

사랑과 함께 감출 수 없는 거

일찍 자고 일찍 일어나고
제철 음식 골고루 먹고
일주일에 서너 번 땀이 나도록 운동하고
스트레스 덜 받으려 마음도 단련하던 때는
환절기 타지 않았다

일교차
그래서 뭐
잠시 오만한 때도 있었지

한번 시작하면 때를 가리지 않아
함께 자는 이의 휴식마저 뺏는 고약함

너 바르게 살고 있냐고 묻듯
살살 간지럽히고
처음 터지고 나면
꼭지가 고장 난 양
계속 흐른다

세월은 나이 먹은 속도만큼 간다는데
나날이 부풀어 오르는 배는
잃어버린 절제의 산물

한번 스친 찬 바람에 맥없이 끌려다니는데
안개가 아침이 지나도록 자욱한
포천 깊이 울 저수지 바라보며

어쩜 살아온 날보다 살날이 많은 21세기엔
자기관리가 스펙인 걸
더는 외면할 수 없는
지금

선재도

늦여름
새벽바람이 부드럽다

지난 저녁 해넘이 본 곳에서
조금 몸을 틀면
해돋이가 보이는 섬

하늘에 빼곡히 수놓은 하얀 깃털
사각거리는 눈꽃 빙수처럼 촘촘한 구름
모두 보듬는 파란 하늘

알알이 탐스러운 포도송이
바닷바람 지나는 길 열어
비닐하우스를 양산인 양 두르고

물이 들어오고 나가고

매일 청소하는 방같이 정갈해
바다 냄새 풍기지 않는
섬이되 섬 같지 않은

광고를 타면 부끄럼도 없는 세상

다섯 살 아이에게 기저귀 팬티 입고 자면
걱정 없이 편하게 잘 수 있다는 엘리베이터 광고

세 살이면 많은 아이가 자기만의 변기에
스스로 용변 보며 자아 성취 느끼며 커가는데
그보다 두 살이나 많은 나이인데

백 세 시대로 늘어난 수명만큼
어린이로 사는 세상도 느는가

맞벌이로 바쁘다고
육아로 힘들다고
두꺼운 방수 기저귀 팬티 입고
지내는 아이들

바람이 통하지 않은
엉덩이에 생긴 땀띠로
약 바르고 먹이면서
쉬운 기저귀 입히는 세상

배설의 기쁨이 주는 만족을
축축함으로 기억하는 애증의 순간

구순기 항문기
모두 인격 형성하는 성장기인데

가르침 잊은 민족에게
바른 미래가 있을까

기업도시 맛집 소개

원주시 지정면 기업도시에는
후토마키 잘하는 닌자고쿠시가 있다

너무 커서 턱 빠지는 소리가 들려도
바라는 일 잘되게 한다는 미신을 마음에 담고
한입에 한 조각 먹는 맛이 통쾌하다

아삭거리는 박 짠지와 오이 단무지
사르르 녹는 아보카도
아이스크림처럼 부드러운 계란
신선한 연어와 참치
통통하고 바삭한 새우튀김
밥을 얇게 싼 왕김밥이 최고다

국물 맛이 황홀한 대창 냄비 요리
달콤함에 매료된 쫀득한 메로구이
겉바속촉의 새우튀김
향기까지 고소한 굴튀김
삭힌 매콤한 고추 올려 먹는 닭 목살 튀김
도톰한 돼지고기에서 육즙이 흐르는 부드러운 가츠샌드
비리지 않고 담백한 고등어, 학꽁치, 새우, 우럭, 광어, 방어, 참치 회

얇게 썰어 먹기 좋은 문어숙회
사르르 녹는 성게알

레몬 넣은 얼음에 화요 한 잔

흡

또

가고 싶다

옥수수와 보일러실

새벽 한 시 이십삼 분
네 시에 일어나기 위해
여덟 시 반부터 불을 끄고 누웠다

오래된 중국산 냉장고는 쉬지 않고 앵앵거리고
벽 뒤 공간에선 열일하는 보일러 애쓰는 소리에
잠을 뺏겨 흔들리는 마음

대회장에 딸 보내고 돌아올 때
펜션 주인이 갓 삶아 손으로 쥘 수도 없이 뜨거운
보랏빛 알갱이 탐스러운 옥수수 한 봉지 주셨다
옥수수 먹으려고 밥솥도 열지 않았다

베풀기 좋아하는 나는 드릴 게 없어
마트 가서 과일이라도 사드려야지 생각했는데
소음이 마음을 바꾼다

손끝을 스쳐 지나는 모기까지

산정호수 옆 O펜션은 내 잠 앗아가고
다만 엄마 코 고는 소리 안 듣고
자는 딸이
단잠 자길 바라는 새벽

네 속에 나 있다 내 속에 너 있다

사랑의 본질은
범애가 아니고 편애라는
노시인의 말씀처럼

뒤돌아보니
늘 둘째였던 막내가 있다

7년을 함께 다닌 까닭에
무심결에 나오는 첫째 이름
미안함에 얼음처럼 굳어버리기 일쑤인 난

기숙사로 떠난 후에
이불 널어 거풍시키고
청소하며 올 날 기다리고

할머니표 김치 좋아하던 모습 떠올리며
배추 무 배 사과 양파 마늘 미나리
다듬고 썰어 나박김치 담갔지

책상 아래 반듯하게 줄지어 선 앨범 꺼내어
이런 때도 있었지
그래

네게 쏟지 못한 사랑
더 줄게
사랑할 시간이 앞으로도 많으니까

하지만 어서
예쁜 너처럼
멋진 청년 만나
연애하길 바란다

예쁜 딸

커피 향이 좋아 떨어지지 않는 발걸음에 찾은 카페
먹음직스러운 치즈케이크가 윙크한다

못 본 척
유혹에 지지 않음에
내심 쾌재 부른다

퇴근하는 딸이 엄마 선물이라며
내민 케이크 상자

생일도 아닌데
웬 케이크일까

엄마가 좋아해 사 왔다는데
우와~
(에궁)

당분 없는 치즈케이크는 어디 없나

백 일 참기

응급실이 코앞인데
숨이 막힌다
택시 기사님께 잔돈은 가지시라는
말하기도 힘들다

저녁에 간장새우와 소라 무침을 먹었다
무엇이 잘못된 걸까

입술이 부르트고
얼굴 여기저기에
벌에 쏘인 것보다 더
벌겋게 부어오른 피부
게다가
입 벌려 숨 쉬어도
가슴이 답답하다

응급실에 누워 링거를 맞는다
링거에 놓는 주사

잠은 오지 않고
입술이 간지럽고
얼굴이 스멀거리고

링거 하나 다 맞아도
조금 호전된 상태
또 하나의 링거
링거에 놓는 주사

정확히 알 수 없는 원인으로
앞으로 갑각류는 적어도 백 일 이상
금해야 한다는 의사의 처방

그래야지
살고자 한다면
면역체계에 생긴 이변
회복시켜야지

문 콕 비화

새벽 네 시 반
어둠을 흔드는 진동에 눈을 떠
포천에서 시작하는 하루

숙소에서 목적지까지 9km
같은 곳을 향하는 넉 대 차량이
빨간 후미등으로 인도하고
왕복 2차선 좁은 도로 줄지어 달려 도착해도
여전한 어둠

해가 뜨고
시합이 시작되고
저녁 식사 준비하러 숙소에 돌아와
습관처럼 차를 둘러보는데

조수석 앞뒤로
크게 긁힌 흔적
어쩌면 이럴 수가

"……!"

메모도 없었다
전화도 없다
블랙박스 돌려본다 한들
이미 운행한 시간으로
지워졌을 메모리

그런데
알까
당신의 비양심이
결국 부메랑처럼 어떻게든
당신에게 돌아간다는걸

인간사 새옹지마塞翁之馬거든

고마운 대관령

연일 이어지는 폭서로 한반도가 끓고 있는 21년 8월
4자릿수 코로나19 확진자가 35일 연속 발생한 회색 여름

중대본에서 내린 4단계 거리두기는
일부 자영업자를 벼랑 끝으로 몰아
힘들다 소리치다 이젠 소리도 나지 않아
산소 부족한 금붕어가 뻐끔거리듯
조용한 아우성이 폭염보다 뜨겁다

KLPGA 정규투어도 한 주 대회가 없어
그이 혼자 짊어진 삶의 무게를 나누고자
평창에 왔다

대관령은 이불이 없으면 서늘함에 잠이 깨고
이른 아침 맑은 공기는 보약 같다

태양이 내리쬐는 한낮도
그늘에 있으면 서늘한 바람이 불어
베란다 앞 딸기밭에 춤추는 나비 보며
지내는 시간이 달콤하다

일주일 빨래하고 밥하고 청소하러 온 대관령은
더위 잊기 위해 피서 온 기분
여름마다 700고지에서 살 수 있다면

발왕산 석양에 매혹되어

하얀 깃 풀 먹여 다린 교복 입고
고드름 떨어질까 처마 끝 피해 가며 학교 가면
삼 교시 끝난 뒤 도시락 얹어놓던 난로

석유로 태운 불꽃 춤추며 타오르던 그 빛을
21년 여름 평창 발왕산 스카이워크에서
해넘이가 피운 석양에서 만났지

두 시간 쉼 없이
오직 하나 소망하듯 올랐는데
변덕 끓는 사내처럼
구름이 시야 가리면 바람이 몰아주고
석양은 구름 불태우며
발갛게 하늘 물들이고
안개비는 속도 모르고 흩뿌리고

백두산 천지에 갔을 때도
안개가 피어오르고 걷히고
아쉬워하다 감탄하다
발을 떼지 못했지

시간은 구름처럼 흘러
어둠이 코앞에 다가오니
홀로 오른 길 다시 갈 수 없어
발왕산 케이블카 찾았지

네 번째 오른 발왕산
세 번을 왕복했기에 가볍게 올랐는데
돈도 없고 카드도 없고
계좌이체 한다 해도
개인정보 이용 문제로
그건 안 된다 고개 젓는데

그냥 타고
입금 안 하는 고객이 많아서라며
무전하고 또 하다
십오 분이 지나도록 기다리게 하더니
태워준다

내 모습 어디에 남의 돈 떼어먹게 생긴 그늘이 있나

3.7km 내려오는 20분 동안
창에 비친 모습 보며 허탈했지
색색이 다른 불빛이 만든 빛 그물
그 사이를 메운 어둠

캄캄한 절망 속에
빛이 되어줄 일 하나 만들리라

＊ 발왕산 케이블카 요금 편도 21,000원, 왕복 25,000원.
  강원도민 할인받아서 16,800원 카드 번호 불러 지불함.

발랑 발랑 발랑

용인에서 파주까지 오는데
두 시간 반이 지났다

멀지 않은 거리지만
왕복 2차로로는 소화할 수 없는
차량 행렬

첫 휴게소 지날 땐
출발한 지 반 시간도 채 지나지 않아 지나쳤고
마지막 휴게소가 눈앞일 땐
곤하게 자는 딸 깨우지 않으려
쉼은 구름 속으로 사라졌다

꼬불꼬불 마치 산 하나를 돌고 돌 듯
이리 흔들 저리 흔들리다
나타난 넓은 호수

궁금한 마음에 네비를 보니
발랑저수지라 뜬다

잘못 보았나 멈칫한 순간
지도는 다른 곳을 펼치고
호수 끝을 달리다 만난 간판

발랑 건설 중기
발랑 갈비
발랑 낚시터

파주시 광탄면 발랑리다

닭 튀기는 시인

오랜만에 예선 탈락한 딸 덕분에
아르바이트생 구하지 못해 혼자 동분서주할
그를 구하러 가는 길은
은행이 노란 꽃처럼 도로 수놓은 가을

비 내리는 스산한 밤에
고소한 기름 향이 복도에 가득하고
줄 서서 기다리는 귀한 고객으로
맛집 인증받은 알펜시아 비비큐

만보기처럼 말하는 것도 셀 수 있다면
주말마다 만 번 말하기 채우고도 남을 텐데

가게 문 열면 언제나 인사도 건너뛴
"편의점 어디로 가면 되나요?"

나는 아주 친절하게
"101동 1층에 24시간 하는 씨유 있어요."

그러면 때로
"목소리가 예쁘세요."라는 칭찬도 덤으로 듣는
간혹 주말에 짠 하고 바뀌는 내 인생

긴 터널도 끝이 있다

1,316명 하루 확진자로
2021년 7월 12일 월요일부터
방역지침 4단계로 격상되는데
룸살롱은 지자체장 결정에 맡기겠다
말도 안 되는 뉴스

이웃 나라 스가 총리처럼
국민들에겐 4인 이상 모임 금지라 하고
총리는 연속으로 술판을 벌인 그 비열함에
동참하는 위정자들의 돌파구로 남겨놓겠다는 것인가

젊은이들이여
무증상 감염으로 지구가 끓고 있는 이 더위 보내고
단풍 기다리고 흰 눈 기다리며
면역체계 세웁시다

우리의 전쟁은 이제 자기와의 싸움으로 변했기에
타인을 보호하기 위해
내가 자중해야 하는 인고의 시대

2.5단계로 파산한 수많은 자영업자들의 피눈물
거리에 나가면 빈 가게 앞 수북이 쌓인 고리대금 명함
펄럭이다 찢어진 임대 현수막

그대와 나
우리의 멈춤이
희망이 될 수 있게
터널 끝을 향해 같이 갑시다

검은 월요일

모래 위에 찍어 놓은 발자국에
파도가 지나가면 지워지듯
코로나19가 온 두 해
강의하던 자리가
모두 사라졌다

월요일
폭염은 아침부터 기승이고
도쿄올림픽은 사흘 앞으로 다가오고
확진자는 전국에서 천 명 넘어서고

보험료 내지 못해 날아온 문자

시 짓는 시간도
어깨 위에 바위가 올려져있다

입 안에서 느껴지는 피 맛

도스토옙스키 동상 앞에서

레닌 도서관 앞 광장에 있는 그는
콧수염 날리며 바람 마주하는 돌부처다

도서대출증 만들고
읽을 수 없기에 빌리지 못한 러시아 책

도서관 서가 거닐며 사서님이 안내한
우리나라 책도 찾았으나
북한에서 보낸 책만 빼곡하다

한탕의 꿈에 부풀어 끊을 수 없는 도박도
휴식이었고 때론 영감 얻는 끈이었지

시대에 등 돌리지 않은 작가
그 속으로 들어가
장편소설로 가족을 부양한 가장

서사가 긴 건
장마다 매겨진 원고료 때문이라는 후문

21세기에 다시 태어나 그가 글 쓰면
아이티 시대에
온갖 줄임말 어떻게 풀어갈까

3부 흔적 없이 다녀오기

방황

이광민

구름 사이로
태양이 숨바꼭질하는 새벽

황금빛 다리 긴,
엉덩이의 흰무늬를 꼬리처럼 흔들며
달려가는 노루 따라
되돌아온 출발지

다시 걸어도
그 테두리를 벗어나지 않는 길
되돌이표 악보를 연주하듯
끝나지 않는
가쁜 숨 몰아쉬며
낯선 꽃향기 따라
돌고 또 돌고

어느새
바다 내음과 함께
사라져버린 운무

심장보다 더 두근대는 마음을 가다듬고
한 그루, 열 그루, 숲을 지나
돌아온

어느 엄마의 귀차니즘

11월 초 제주 공항은 반팔 입은 사람들로 인산인해다

오후 비행기 탄 덕분에 공항 부근은 어둠이 내려앉고
바쁜 걸음으로 지나는 사람들 사이로
명랑한 여자아이 목소리가 들린다

"엄마 여기는 소나무가 참 많다 여기도 저기도 그치?"
"어 그래 많네. 어서 걸어."
횡단보도여서 뒤돌아보지 않고 인파에 밀려 걸어갔다

우리가 본 많은 야자수가 아이 눈엔 소나무로 보였나 보다
그럼 아이 엄마는

어릴 때 아들이 하는 질문은 다 대답하고
딸이 질문하면 빨리 가자고 손 잡아끌던
많은 엄마 밑에서 자란 우리 딸들

Y세대는 딸 아들 가리지 않고 잘 가르치겠지
야자수가 소나무라 여긴 소녀에게
아이 엄마는 잘 말해주었을 거야

아까 제주 공항 주변에 삐죽빼죽한 나무들은 야자수였어라고

고도 8,400km에서 마음 내려놓기

무더위 속에 떠난 육지
연거푸 세 번 예선 탈락 후
제주에서 열린 대회
드디어 예선 통과 후 금의환향하는 기분에
구름도 어여쁘다

말없이 모든 대회에 우승을 기원했다
무릎이 닳도록 백팔배 하며
영험한 산 오르며 기도하다
마음 내려놓기에 이르렀다

예선 통과라도 감지덕지라고
잘했다고 고맙다고
쉬라고

스물여덟 먹은 딸에게
거는 기대
걸었던 꿈
그 버거움을 덜어주고자

고공에서 구름 속에 바람을 던지고
스스로 꿈으로 커가길 기원했다

산책길에 만난 할머니와 손녀

4년 만에 온 제주 켄싱턴 리조트 산책로
토끼가 줄고 토끼장도 작아졌으나
바다 보며 탈 수 있는 그네가 생겼다

하 마라겠어
하 마라겠어
이루 와
이루 와

손녀는 그네 밀며
꺄르르르 헤헤
어르신은 어지럽다며
하 마라겠어라 연신 소리친다

아이는 할머니 어지럼 모르고
할머니는 아이 마음 모르고
그네는 앞뒤로 움직이고

선선한 여름 아침 나들이는
태평양 너른 바다와
그보다 더 넓은 하늘도 시샘하는
조손간의 행복한 순간에 기억되는
추억의 기록이다

아름다운 여자

슬픔에 젖은 여자는 애처롭다
못난 사람은 그 속에서 패배하지만
올바른 사람은 강한 자기를 만든다

괴로움의 크기보다 더 큰 반발
그 반발력이 생명의 힘이다

기대수명 86.3세
어쩌면 살아온 날보다
더 많이 살아가야 할 날

몸이 좋아하는 것 먹고
새로운 것 찾아 배우고
같이 어울리며

원주교육문화관에서
자원 활동하는 그녀

내장산 단풍

발갛게 한 그루로 핀

그대 안에 들어가

얼굴마저 붉은빛으로

물드는 가을

가을

뜨거운 해를 가려주던
초록의 그대 모습이
저물어가는 석양빛을 닮아간다

자연으로 돌아갈
며칠 남지 않은 날
그리움으로 남기고

잎마다 색색의 등 달아
멀리서도 노오란 별로
붉은 별로 마음을 사로잡는 계절

흔적 없이 다녀오기

진부 오대산 비로봉 가는 길에
소나무 숲 우거진 월정사 지나고
계단 오르고 올라 중대사자암 지나면

늘 마중 나와 뛰어다니는
작은 다람쥐

주지 않으려 애쓰는 마음 놀리듯
두 손에 작은 먹거리 쥐고 오물거리며
눈이 마주쳐도 피하지 않는 귀염둥이

적멸보궁 가시는 할머니께서
작은 다람쥐에게
줄 게 없어 미안해하신다

주먹보다 더 작으면서 어찌 그리 빠른지
계단을 종횡으로 뛰어다니다
깜짝 놀라는 마음 달래듯
잠시 멈추었다 쪼로록 지나가고

오를 때 보았듯
내려갈 때도 나타나
볼이 빵빵한 모습으로 배웅한다

산에서 사는 네게
도시의 것 아무것도 남기지 않으려
네 것 도토리 한 알도 줍지 않고
늘 빈손으로 오르고
빈몸으로 내려간단다

혁명

떠돌이 방랑 생활
정착시킨 농사법

2차 대전 이후
땅이 병들어도
농약은 뿌려지고
지구가 아파도
제초제 퍼붓네

종자 특허 내고
그에 맞는 농약 주고
씨받이 하나 없는
해적 종자 자라네

외국 대기업이 빼앗은 종자 특허
우리 농업의 희망마저 꺼져가네

약속의 땅 무안

희망에 부풀어 찾았지
두려움 감추어도 떨리는 마음
하루 이틀 예선 통과하면
나흘 본선 대회

8년이나 다닌 무안
해마다 다른 날씨
다른 마음가짐

일 년 애쓰며 준비한
아니 십여 년 한길 바라보며 온
수많은 선수

닦은 기량 펼치며
오뚝이처럼 일어나
대한민국 무안에서 피운 불꽃으로
세계를 밝히는 선수가 되길

목포 유달산 바위

애틋한 연인의 포옹처럼
때론 입맞춤처럼도 보이지만
오를 때마다 간절함 때문인지

슬픔마저
사치인 듯
허물어가는
의지 하나
부축하는
어머니 같다

골프연습장에서

아픈 곳이 줄어들어 다시 시작한 골프
어깨통증으로 컨트롤 샷만 하다가
완전하진 않지만 풀 스윙이 가능해진 여름

지문인식으로 들어오는 골프연습장
1분이 넘도록 지문인식이 안 된다는 안내방송
가끔 앞뒤에서 연습하던 분이 애쓰고 있다

사용자 설정을 해지한 건 아닌지
순간 망설여졌으나
도어락을 풀었다

휘청휘청
춤추듯 스윙하는 그녀의 공이 내게로 튀어온다
잠시 놀랐지만 아닌 척 아이언을 친다
SW PW 9번 8번 7번 6번 5번 4번 3번

연습장 트랙맨에 찍힌 드라이버 183m
와우
거의 돌아오고 있다

투자한 만큼 실력으로 돌아오기에
인생에 비교하는 골프

매일은 못 해도
늘 하고 싶은 골프처럼
재미있는 게 있어 감사하다

*맥베스

믿음은 암흑에서 빛처럼 굳건하나

의심은 욕심에서 싹이 트고

현혹된 어리석음만이 종말을 서두른다

욕망에 눈멀지 않은 방코처럼

아들딸 지켜보며

아기자기하게 사는 삶이

진정한 행복 아닐까

* 윌리엄 셰익스피어 4대 비극 중 하나로 스코틀랜드 국왕
  막 베하드가 모델이다.

역사학자 한홍구

한 사람이 가진 집념이
바로잡는 역사

거짓 들춰내고
목숨 내놓고
가산 털리며
협박받아도
진실 찾아내고 말한다

누가 감히 쉬운 일이라 할까

핍박은 그의 무릎 부수고
젊음조차 앗아가며
피투성이 만들지만

후손은
진실 찾은 그에게
두 팔 들고 손뼉 친다

진실이 힘이다

산다는 건

*김약국의 딸들 읽다 보니

남편은 늘 점잖고 예의 바른 사내였지
기생과 마음 주며 나누지 않은 육체
그래서 떳떳하다 고개 들어도

부인과 나누지 않은 마음
딸들과 소통하지 않은 마음
있어도 찬 바람 부는 꺼진 난로

머슴도 사내이고 딸아이도 계집이라
둘이서 만든 타는 불꽃

등잔 밑 어둠이 절망보다 더할까
억지로 보낸 시집살이로 정신 놓아버린 삶

주변을 돌아보니
자식 이기는 부모 없다지만
부모 욕심에 망치는 자식 더러 보더라

사랑도 젊을 때 해야 아름답지

* 박경리 작가 장편소설

사피엔스

먼 옛날

양서류로

살아왔던 인류 조상

변하고 변해서

인간으로 살고 있네

먼 훗날

바뀌고 적응하며

희망으로 남아라

*시모니데스

권력자 그늘에 서기 위해
추종자 잇따르고

겸손한 시인에겐
조롱자 가득하나

신이 어여삐 여겨
귀한 목숨 살리네

남보다 큰 힘
믿고 사는 어리석은 촌부

무력보다 더 큰 존경
정의를 살찌우는 겸손으로 빛나네

* 올림픽 경기의 승리자들을 위한 에피니키온 송시 창시자

대장동 게이트

나라를 구워 먹고
삶아 먹고
찜 쪄 먹고
튀겨 먹고
내민

오리발

진보와 보수 사이

2021년 11월
더불어민주당 지지하면 모두가 진보고
국민의 힘 지지하면 싸잡아 보수라고 부른다

코로나19로 가게 문 닫는 자영업자 늘고
확진자 접촉으로 문 못 여는 가게도 늘더니
이젠 한정된 시간에 찾은 고객만
선제검사 받으라는 문자 받는 위드 코로나 시대

확진자는 매일 이천 명을 넘는 11월 중순
대통령 선거는 4달 앞으로 다가오고
집값은 감히 꿈꿀 수도 없게 올라
이 생에 다시 집 가질 수 있을까

진보와 보수를 나누는 기준이 세금이라는데
매달 나오는 건강보험료는
내 강사료보다 많다

진보든 보수든
정치에 발 담그지 않아도

마음 편히
해를 반기며 살고 싶다

중독

새벽 5시 50분
코끝을 간질이다
잠 깨우는 냄새

일어나 창문 닫고
다시 청하지만
이미 여름 달처럼
달아난 잠

관리사무실에서 연일하는 방송은
흡연하는 아래층 사람에겐 들리지 않는 소음인가

늘 같은 시각
다른 냄새

30층 아파트에 살면서
담배에 매달려
끌려다니는 그는

여름밤 불청객

반곡동 아이파크 아파트 앞 편의점이
길에 플라스틱 테이블 깔았다

술 마신 사람들
사는 얘기 다정하다
소리치고 울고
달래는 소리

덩달아 왈왈 짖는 멍멍이들

잠 좀 잡시다
위아래서 소리쳐도
여전한 술판

경찰이 왔다 가도 그때뿐

원주천 물소리는
달리는 자동차 소리에 묻히고
온밤 뒤척이며
소리에 도망쳐도
벗어나지 못해

아침이 밤보다 더 노곤한 여름

익산 미륵사지 국화 탑

서동이

선화공주에게

그리움 숨기며 내민

한 송이 국화가

탑을 이뤘다

4부

평화의 속도

석양

이 광민

시간은 같은 사물을
다르게 볼 줄 아는 눈을 준다.

눈도 깜박이지 않고
숨을 쉬는 것도 잊었다.

찰나 같은 시간이 흘렀건만
눈부신 모습 안에 숨은 아픔

감각을 마비시키는 이성이
시나브로 배인 그 빛을 떨치고자

눈썹 끝에 이슬을 달아놓고
눈이 시리도록 바람을 가른다.

서점

판에 하나씩 찍어낸
같은 모양으로 살라 하면
사람이 아니고 기계인 거지

학교 가고
학원 가고
인강 듣고

숨 쉴 곳 하나 없이
12년 살다 보면
굳어진 생각

수능이 끝나면
속박에서 풀린
젊은 그대

인생 선배 만날 곳
어딘지 아시는지

한라산에서

제주 중문에서 성게알 미역국으로 아침 먹으며
식당 주인께 한라산 오르는 길 여쭈니
관음사 방향이 가파르지만 산행 시간이 짧다고 추천

코로나19로 바뀐 예약제 탐방

자주 다니는 성판악은 주차장이 부족해 불편했는데
관음사 방향은 넓은 주차장이 있고
군데군데 풍기는 달콤한 비자나무 향

건천 지나 이어지는 계단
전국 산이 계단화되어있다
한라산은 어느 곳보다 더 많은 계단
흙 밟는 곳이 거의 없고
돌 아니면 계단 또는 나무 데크

기쁜 마음에 들어간 공용 화장실
물이 부족해 세면대 없는 화장실이라는 안내문

러시아 여행할 때
대부분 화장실에 가려면 돈 내고 들어가고
변기 커버가 없어 얼마나 황당했던지

우리나라 화장실 문화가 선진국인 걸 알게 되었지

시원해지는 찰나
찰칵찰칵 카메라 소리에
급히 추스르고 나가려는데
이미 닫히는 문소리

그래도 가방 챙겨 뛰어나갔으나
많은 사람 중에
누가 몰카 범인인지 막막한데

청소하는 분이 부르며
손수건 주워주시기에
카메라 소리에 급히 나오다
빠졌다고 말하니

자기가 찍었노라 웃으며 하는 말
청소 전과 청소 후 사진 찍어
사무실에 보내는 것도 일이란다

아하 그럴 수 있겠구나

수많은 사람이 오르고 내리는 중에
하나 있는 화장실
그저 고마워만 했는데

고향

부르면 언제든 달려갈 시간은 넘치는데
추억이 깃든 장소는 하나둘 사라지고
꿈에도 그리지 못했던 건물이 들어서
서귀포 어디를 걸어도 낯설다는 어머니

소꿉놀이하던 마을
아른거리는 유경이와 석순이
셋이서 함께 놀던 동네 골목이 사라져
전농동 로터리 하늘도 낯선 나

포클레인 아래 눈 부릅뜬 지붕마저 조각나버리고
추운 겨울 언 몸 녹여주던 따뜻한 온돌도 뜯기고
골목도 놀이터도 시멘트 건물로 변하여
그립던 추억은 어린 친구의 모습으로만 살아있다

킬링 케이브 캄보디아

한국도서관 친구들이 캄보디아 바탐방 어린이에게
한국어 캄보디아어 영어로 된 책을 빵과 함께 선물하고
해 질 녘 박쥐가 펼치는 경관 보러 킬링 케이브로 향했다

가파른 계단 오르고 또 내려가니
유리상자에 많은 백색유골이 뒤섞여있다
향 피우는 초로의 노인과
열 배나 큰 와불상

30도 넘는 날씨에 소름이 돋는 킬링 케이브
정치에 방관한다 하여 다른 쪽이라 하여
절벽으로 밀어버린 비정한 역사 앞에
영혼 달래는 향 피우고
아픈 상처 물려받은 후손 위해 기부하고
현실로 돌아가는 계단을 올랐다

어디에나 뜨는 해가 있듯
지는 해가 있는데
다른 위치 다른 숨결에 반해
추억을 담다 떨어진 낭떠러지

놀라 소리 지르는 친구들과
말보다 빠른 행동의
선한 외국 청년들 도움에
기절의 순간은 짧고
부끄러운 시간은 길었다

타의에 의해 떨어진 영혼들 앞에서
찰나에 저승과 이승을 건넜다

제주 치유의 숲

가만히 서서 들어보자
편백 스치는 바람 소리

살며시 나아가자
피톤치드 향기 따라

볕이 나뭇잎 비켜 나와
별처럼 빛나는 숲

하나둘 내려놓고
바람처럼 가볍게
공기처럼 부드럽게

평화의 속도

개운동 명륜초등학교 횡단보도
초록 신호에도 아무도 지나지 않는 오후

빨간 신호에 멈추려 속도 줄이던 택시
치타처럼 전속력으로 달리는 한 마리 고양이

택시 범퍼에 부딪혀
공중으로 날아올라 허공에서도 달리다
택시 앞에 떨어지더니

택시 지붕까지 뛰어오르고
보닛까지 뛰어오르고
범퍼까지 뛰어오르다
바닥에서 부들거리더니
멈추었다

어린이 보호구역 신호 앞이라
더 천천히 서행하던 택시
맹렬하게 달리던 고양이 눈에 보이지 않는 차

거리에 늘어난 길고양이
내 것도 네 것도 아닌 우리 길에
그들 삶에 포식자처럼 다니는 각기 다른 차

생활의 수단이고
생계의 수단인 도로 달리는 차

생명 보호는 너와 내가
살피고 기다려주고
속도를 줄이는 일이다

양지꽃

천매산 곳곳
늘어선 작은 풀잎 위 노란 꽃

꽃샘추위 불어올 걸 아는지
빼꼼히 낮게 낮게 꽃 피우네

내일을 준비하는 사람
그만의 고독 속에 침잠하여도

스스로 꽃이 필 날
다가오네

상생

설악산부터 단풍이 내려오는 시월이 오면
대관령 용산리 도로에 늘어나는 고라니 사체

무밭
배추밭
양배추밭
파밭
당근밭
양상추밭

짓밟고 베어 먹고 뛰어놀아
근심 끊이지 않는 농부

어둠이 내려오면 마을까지 내려와
도로를 횡단하다 차에 부딪히고
충격에 비틀거려도 달려가다 쓰러지는 고라니

번화한 도심 벗어나
한가로운 여행 꿈꾸며 찾은 휴양지에서
쌩쌩 달리다 박은 고라니

제너레이터까지 밀려
차체가 틀어지고
여행 일정까지

생명 잃는 동물과
재산 잃는 사람

시골길엔
평화의 속도

서로 살길이다

*아리랑

막다른 골목으로 서생원 몰아가면
뒤돌아 죽기 살기로 싸우며 빠져나가는데

소작농 입에 풀칠할 것 없어
나무껍질 뿌리 캐어도
배는 등에 붙어버리고

장리쌀 꾸어다가
죽 쒀서 연명하나
봄 지나 여름이 와도
죽물만 흐른다

추수철
풍년이라 해도
뒤주 안엔 먼지뿐

온 가족 들에 나가 허리 굽혀 일해도
지친 몸 뉠 밤엔 흙냄새만 폴폴 나고
구들장 따뜻하게 데울 나뭇가지 그립다

너와 나 같이 살자
사회혁명 꿈꿨으나
어느새 몰아닥친
미군정 깃발 아래

친일파 기어 나와
총칼 차고 활개 치며
빨갱이 소탕한다 날뛰더니

어느새 경찰서장
군수
시장
대통령까지

어디냐구

대한민국 이야기야

* 조정래 작가 대하소설

삼겹살 가게

다이어트할 때면 더 먹고 싶은 삼겹살

고기 한 점 한 점 가마솥 뚜껑 어이 옆에 올리고
양송이 팽이 느타리 새송이버섯으로 꽃피우고
묵은지 콩나물 파무침 양파 마늘 빼곡히 구워
겨자채 위에 하나씩 올려 한 쌈 만들어
가득 넣고 먹으면

낮에 쌓인 힘듦이 저절로 내려온다

시원한 맥주에 소주 반 잔 따르고
젓가락 넣고 톡 치면
올라오는 보석 같은 방울들이
피로회복제다

함께하는 이와 주거니 받거니
마음에 담은 이야기 풀며
믿음의 꽃 키우는
인생 식당

도서관 베스트셀러

어린이 열람실에서
가장 빨리 해어지는 책이
무엇일까요

대출은 그다지 없으나
유독 시리즈 중에 그 책만 헐어있습니다

명작동화일까요
창작동화일까요
아니면 만화책

와이 시리즈 중에 있어요
엄마들이 제일 많이 사 주는 그 시리즈요
그런데 이상하게도 집에 없는 책이
도서관에 있다고 아이들이 말합니다

뜨끔하시죠

성에 대한 책이랍니다

아직도
숨기면 저절로 알게 될 거라고
믿는 건 아니시죠

소망

언제부터였을까
마음은 물 위를 걷고
모음과 자음으로 온몸을 휘감고 고민하던 게

보는 이의 마음이
그 그릇에 어울리는 모양으로 바뀔
물 같은 글을 찾는 게

풍미가 사라지는 시대

세상의 무게만큼 비에 젖은 옷의 무게로
학교 갔다 오는 길에 대문에 들어서면
어머니 손맛이 향기가 되어
배추 나비처럼 날아왔다

장마철 고소한 부추전은 어머니 특기여서
유리창 두드리는 빗방울 소리가
팬에서 지글거리는 부침개인 듯 그리움까지 풍긴다

마트 찾아 재료 고르는데
비 오는 날은 냉동해물완자전이 딱 맞는다는 홍보직원
코로나19로 의무가 된 마스크 올렸다 내리며
오물거리는 사람들

수십 가지 첨가물의 향기인지
역한 냄새에 입을 틀어막았다

신선 코너는 줄고 레토르트 종류는 늘고
도자기나 쇠솥 대신 코팅된 종이 플라스틱에 담아
전자레인지에 데워 먹는 먹거리

그리움의 향기는 전자파처럼 사라지고 있다

빛을 밟는 시각

교통사고로 입원한 병원
잠이 오지 않는 새벽 두 시 반

십구 개월 유아는
곁에 아무도 없는 듯 서럽게 운다

손에 달린 링거 줄 보며
시린 손 감싼 털장갑 사이로 숨은
바늘이 들어온 과거가 살아있어
모두 깨운다

자야 하는 시각
스산한 겨울바람은 병원 건물 스쳐 가고
울음소리가 귀를 베어 밤 밝히고

사랑으로 버티는 아이 엄마는
피곤함에 지쳐 감긴 눈과 달리
살아있는 손으로 토닥이지만

삶이 동반한 고통 배우는 아가는
새벽마다 지척에 있는
집을 그립게 한다

운명

제주도 강정마을 강정천 신기한 돌
물웅덩이 웅덩이마다 헤엄치는 올챙이
파도 소리 자장가 삼아 커가는데

다리 하나 접은 백로
미동 않고 서있네

바닷물 민물 만나 새로운 물 만드니
풍부한 먹잇감에 찾아드는 포식자들
지리상 요충지 한반도

고조선
고구려 백제 신라
발해 통일신라
후삼국
고려
조선
대한제국
대한민국

침략은 계속되었다

호시탐탐 노리는 약탈자에 둘러
우뚝 선
경제 대국 7위

그럼
식량 자립도는

선택

죽으면 한 줌 재가 될 몸
아낀다고 잘 사냐
부지런하게 일하고
하나라도 더 깨끗이 청소해야지

수시로 말하던 그녀는
앉았다 일어날 때마다
방을 한 바퀴 휘돌며
두둑 뼈가 부딪는 소리 내며 일어선다

있을 때
아껴야 잘 사는 거니
몸도 혹사하지 말고
적당히 잠도 자고 쉬면서 일해

그가 말할 때마다
빈둥거리는 게으름뱅이
그래 넌 아껴서 잘 살아봐라
어이없어 한 마디씩 했는데

궁핍하다고 늘 손 벌리던 그에게
악착같이 벌어 나누던 그녀는
임대주택 입주자
그는 건물주

아이들에게 들려줄 말이 없다
아니 사실을 말해줘야지
스스로 찾을 수 있게

부추꽃

풋풋한 네 향기는
생명의 힘

곧게 자란 잎
모두 내어주고
다른 꿈 키우며 솟아나

새로운 바람에 익숙할 즈음
별 같은 꽃잎으로
부르는 나비

스스로 주어야 다시 살아나는
아름다운 나눔으로 빛나는
하얀 별 묶음

왈츠

여린 잎이 햇살 따라
이리저리 자리 바꿔
크던 계절 지나

나비 벌 부른 어여쁜 꽃 지고
열매 맺어 키우며
나누던 시절도 가고

화려한 모습
빛과 함께 타올라
노랗게 꽃 피우더니

차가운 바람에
모두 떨군 채
빈 가지로 남아

흩어지는 바람과 함께
노래하다

안개꽃처럼 작은 불꽃
온몸에 감고
빛으로 춤추는 나목

코로나 일상

프로골프선수 캐디에 이어
함께 다니는 부모도 코로나 감염검사확인서 제출해야
경기에 참여 가능한 2021년 여름

꼼지락거리기도 귀찮은 비 오는 공휴일
휴일에도 같은 시간인 줄 생각해
보건소 선별검사소 찾았으나
적막이 흐른다

원주의료원으로 내달렸으나
공휴일엔 검사소 문조차 열지 않는다는 인턴의 설명에
앞이 캄캄하다

그제야 비 맞으며 검색한 운영시간
미리 확인하지 않은 자신을 힐책하며 돌아왔다

나날이 느는 검사자 줄에 서서
코로나와 함께 사는 세상에 적응하며
직업란에 입력한 프로골프선수 로드매니저

채취인에 따라
연달아 며칠 재채기하며 눈총받거나
하루 정도 또는 잠시
운이 좋으면 아무 이상이 없기도 한

오지 않는 검사 결과에
받지 않는 전화 수십 번 걸다 들은
MMS 문자라 와이파이 꺼야만 문자 안내받는다니

덜 수 없던 걱정과 많은 생각은 기우일 뿐
오늘도 마스크 쓰고
여럿이 모이는 곳 피하고
손 깨끗이 씻는 예방수칙으로 보내는 하루

세월

기쁨은 배움 속에
열매 숨겨놓고

아픔은 나태 속에
눈물 달아놓고

하루하루가 풍선에 단
바람 같은 이야기

설렘은 바람처럼
귓가 스치고

절망은 빗물같이 흘러
마르는 게 인생이지

나에게 쓰는 편지

이젠 이사 다니며
책 때문에 얼굴 붉히기 싫어
e북으로 책 보는데
눈이 더 아프다

소망했던
온종일 책 보는 게 힘들다

잘 지내냐고 묻기엔
집도 없어
이사 걱정이 불쑥불쑥 솟아오르고

사는 게 어떠냐고 묻기엔
잔뜩 늘어놓고 이 책 저 책 뒤적이다
몰아서 치우기 바쁘고

마음은 어떤지
그 속에 들어가려니
바늘구멍보다 작다

나를 위해 살고 있는지